I LOVE TO TELL THE TRUTH
IK HOU ERVAN DE WAARHEID TE VERTELLEN

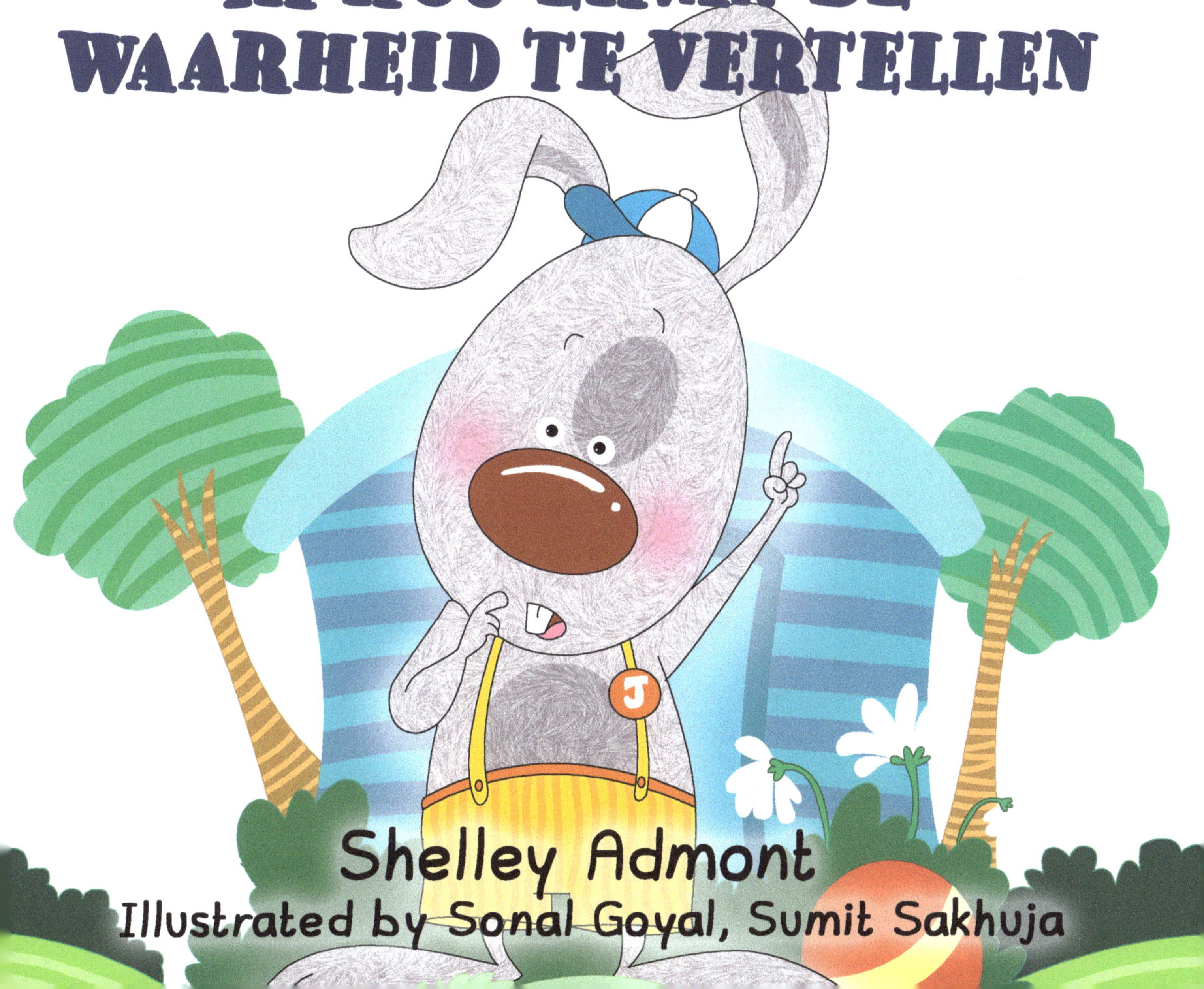

Shelley Admont
Illustrated by Sonal Goyal, Sumit Sakhuja

www.sachildrensbooks.com
Copyright©2015 by S. A. Publishing
innans@gmail.com

All rights reserved. No part of this book may be reproduced in any form or by any electronic or mechanical means, including information storage and retrieval systems, without written permission from the publisher or author, except in the case of a reviewer, who may quote brief passages embodied in critical articles or in a review.

Alle rechten voorbehouden. Niets uit deze uitgave mag worden verveelvoudigd, opgeslagen in een geautomatiseerd gegevensbestand, of openbaar gemaakt, in enige vorm of op enige wijze, hetzij elektronisch, mechanisch, door printouts, kopieën, of op welke andere manier dan ook, zonder voorafgaande schriftelijke toestemming van de uitgever.

Translated from English by Marcella Oleman

Vertaald uit het Engels door Marcella Oleman

First edition, 2016

I Love to Tell the Truth (Dutch Bilingual Edition)/ Shelley Admont
ISBN: 978-1-77268-964-8 paperback
ISBN: 978-1-77268-965-5 hardcover
ISBN: 978-1-77268-963-1 eBook

Please note that the Dutch and English versions of the story have been written to be as close as possible. However, in some cases they differ in order to accommodate nuances and fluidity of each language.

Although the author and the publisher have made every effort to ensure the accuracy and completeness of information contained in this book, we assume no responsibility for errors, inaccuracies, omission, inconsistency, or consequences from such information.

For those I love the most—S.A.
Voor degenen van wie ik het meeste hou—S.A.

It was a beautiful summer day. The sun was shining brightly. The birds were chirping. The butterflies and the bees were busy visiting the colorful flowers.

Het was een prachtige zomerdag. De zon scheen volop. De vogels tjilpten. De vlinders en bijen waren druk bezig met de kleurrijke bloemen.

Little bunny Jimmy was playing ball in the backyard with his two older brothers. Their mom was watering her favorite daisies.

Konijntje Jimmy speelde samen met zijn twee oudere broers in de achtertuin met de bal. Hun moeder gaf haar favoriete madeliefjes water.

"Be careful not to go near my flowers, boys," said mom.
"Kom niet te dicht bij de bloemen, jongens," zei mama.

"Sure mom," yelled Jimmy.
"Natuurlijk niet, mama," gilde Jimmy.

"I won't touch your daises mom," added the middle brother.
"Ik zal je madeliefjes niet aanraken," voegde de middelste broer daaraan toe.

"Don't worry mom," said the oldest brother. "Your daisies are safe with us."
"Maak je geen zorgen, mama," zei de oudste broer. "Je madeliefjes zijn veilig bij ons."

Mom went back to the house while the brothers continued to play outside.

Mama ging terug naar binnen terwijl de broers buiten bleven spelen.

"Hey, let's play a different game now," said the oldest brother, twisting the ball.

"Hé, laten we nu een ander spel spelen," zei de oudste broer terwijl hij de bal ronddraaide.

"What game?" asked Jimmy.

"Wat voor een spel?" vroeg Jimmy.

The oldest brother thought for a second. "Let's toss the ball in the air and see who gets to catch it first."

De oudste broer dacht even na. "Laten we de bal in de lucht gooien en kijken wie hem als eerste vangt."

"I like that," said Jimmy cheerfully.

"Dat vind ik leuk," zei Jimmy vrolijk.

"Let's start," cried the middle brother. "Throw the ball now."
"Laten we beginnen," schreeuwde de middelste broer. "Gooi de bal."

The oldest brother threw the ball up in the air as hard as he could.
De oudste broer gooide de bal zo hard als hij kon de lucht in.

All the bunnies looked up with their mouths open as the big orange ball quickly flew up. Soon, it began to fall back towards the ground.
Met hun mondjes wijd open bekeken alle konijntjes hoe snel de grote oranje bal omhoogvloog.

Stretching out their hands, the brothers waited eagerly.
Met uitgestrekte handen wachtten de broertjes enthousiast op de bal.

When the ball was about to hit the ground, the older brothers ran to catch it.

Toen de bal de grond bijna raakte, renden de oudere broers erheen om hem te vangen.

In a flash, Jimmy leapt forward and reached the ball before them. "Hurray! I win!"

In een oogwenk sprong Jimmy naar voren en greep de bal voordat zij deden. "Hoera! Ik heb gewonnen!"

He jumped in joy and started to run around the backyard in excitement.

Hij sprong rond van vreugde en begon opgewonden door de achtertuin te rennen.

Suddenly, he tripped over a small rock and fell flat on the ground ... right in the middle of his mom's favorite daisy plants.

Plotseling struikelde hij over een keitje en viel plat op de grond ... precies middenin de favoriete madeliefjes van zijn moeder.

"Ouch!" yelled Jimmy, lifting his head out of the wet soil.

"Au!" schreeuwde Jimmy, terwijl hij zijn hoofd optilde uit de natte grond.

His oldest brother ran over and helped him back to his feet. "Jimmy, are you hurt?" he asked.

Zijn oudste broer rende naar hem toe en hielp hem overeind. "Jimmy, heb je je bezeerd?" vroeg hij.

"No... I think I'm fine," said Jimmy.

"Nee, ik denk dat het goed met me gaat," zei Jimmy.

All three bunnies looked sadly at their mom's favorite flowers, which were now crushed.
De drie konijntjes keken droevig naar hun moeders favoriete bloemen die nu platgedrukt waren.

"Mom will not be happy to see this," murmured the oldest brother quietly.
"Mama zal hier niet blij mee zijn," mompelde de oudste broer zachtjes.

"That's for sure," agreed the middle brother.
"Dat is zeker," knikte de middelste broer.

"Please, please, don't tell mom that I did this. Pleeeeeaaaase..." begged Jimmy, slowly moving away from the ruined daisies.
"Alsjeblieft, alsjeblieft, zeg niet tegen mama dat ik dit heb gedaan. Alsjebliiiieeeeft ..." smeekte Jimmy, terwijl hij langzaam van de vernielde bloemen wegliep.

That moment, their mom came running out from the house. "Kids, what happened? I just heard someone scream. Are you all OK?"

Op dat moment kwam hun moeder het huis uit rennen. "Kinderen, wat is er gebeurd? Ik hoorde iemand schreeuwen. Zijn jullie allemaal in orde?"

"We're fine, mom" said the oldest brother. "But your flowers…"

"Het gaat goed met ons, mama," zei de oudste broer. "Maar je bloemen …"

It wasn't until that moment that their mom noticed the ruined flowerbed. She sighed. "How did this happen?" she asked, her shoulders drooping.

Tot dan toe had hun moeder niet opgemerkt dat het bloemperk vernield was. Ze zuchtte. "Hoe is dit gebeurd?" vroeg ze, terwijl ze haar schouders liet zakken.

"It was aliens," Jimmy hastened to answer. "They came from… out there…" He pointed to the sky. "I saw them walking over your little daisy garden. Really, mom."

"Het waren aliens," antwoordde Jimmy snel. "Ze kwamen van … vanaf daar…" Hij wees naar de lucht. "Ik zag ze in de tuin over je madeliefjes lopen. Echt, mama."

Mom raised her eyebrow and looked into Jimmy's eyes. "Aliens?"

Mama trok haar wenkbrauw op en keek Jimmy recht in zijn ogen aan. "Aliens?"

"Yes, and they flew away in their spaceship."

"Ja, en ze vlogen weg in hun ruimteschip."

Mom sighed again. "It's good that they flew away," she said, "because now it's time for dinner. Don't forget to wash your hands. And Jimmy…"

Mama zuchtte weer. "Het is maar goed dat ze zijn weggevlogen," zei mama, "want het is tijd voor het avondeten. Vergeet niet je handen te wassen. En Jimmy…"

During the dinner, Jimmy was very quiet. He felt uncomfortable. He couldn't eat and he couldn't drink. He didn't even want to try his favorite carrot cake.

Tijdens het avondeten was Jimmy erg stil. Hij voelde zich ongemakkelijk. Hij kon niet eten en niet drinken. Hij wilde zelfs geen hapje van zijn favoriete worteltaart.

At night, Jimmy couldn't sleep. Something didn't feel right. Getting up, he approached his oldest brother's bed.

's Nachts kon Jimmy niet slapen. Iets voelde niet goed. Hij stond op en ging hij naar het bed van zijn oudste broer.

"Hey, are you sleeping?" he whispered.
"Hé, slaap je?" fluisterde hij.

"Jimmy, what happened?" mumbled his oldest brother, slowly opening his sleepy eyes. "Go back to your bed."
"Jimmy, wat is er gebeurd?" mompelde zijn oudste broer, terwijl hij langzaam zijn slaperige ogen openende. "Ga terug naar je bed."

"I can't sleep. I keep thinking about mom's flowers," said Jimmy quietly. "I should have been careful with them."
"Ik kan niet slapen. Ik moet steeds aan mama's bloemen denken," zei Jimmy zachtjes. "Ik had beter op moeten letten."

"Oh, that was an accident," said the oldest brother. "Don't worry. Go back to sleep!"
"Oh, dat was een ongeluk", zei de oudste broer. "Maak je geen zorgen. Ga slapen!"

"But I should not have lied to mom," said Jimmy still staying there.
"Maar ik had niet tegen mama moeten liegen", zei Jimmy, die er nog steeds stond.

The oldest brother sat up on his bed. "Yes," he agreed. "You should have told her the truth."
De oudste broer ging rechtop in bed zitten. "Ja", knikte hij. "Je had haar de waarheid moeten vertellen."

"I know," said Jimmy, shrugging his shoulders. "What am I going to do now?"
"Ik weet het", zei Jimmy. Hij haalde zijn schouders op. "Wat moet ik nu doen?"

"For now, go to sleep. And in the morning, you will tell mom the truth. Deal?"
"Je gaat nu eerst slapen. En morgenvroeg vertel je mama de waarheid. Afgesproken?"

The next morning, he woke up very early, jumped out of his bed, and ran looking for his mom. She was in the backyard.

De volgende ochtend werd hij heel vroeg wakker. Hij sprong uit zijn bed en rende weg, op zoek naar zijn moeder. Ze was in de achtertuin.

"Mommy," Jimmy called. "I was the one who ruined your flowers, not the aliens." He ran over and hugged his mom.

"Mama," riep Jimmy. "Ik was degene die je bloemen heeft vernield, niet de aliens." Hij rende naar haar toe en gaf haar een knuffel.

Mom hugged him back and replied, "I'm so happy that you told the truth. I know it wasn't easy, and I'm proud of you, Jimmy."

Mama knuffelde terug en antwoordde: "Ik ben zo blij dat je de waarheid hebt verteld. Ik weet dat het niet makkelijk was en ik ben trots op je, Jimmy."

"Please don't be sad about the flowers. We'll think of something," said Jimmy.

"Wees alsjeblieft niet verdrietig over de bloemen. We bedenken wel wat," zei Jimmy.

Mom shook her head. "I was not worried about the flowers. I was sad about you not telling me the truth."

Mama schudde haar hoofd. "Ik maakte me geen zorgen over de bloemen. Ik was verdrietig omdat je de waarheid niet vertelde."

"I'm sorry, mom," said Jimmy. "I won't lie again."

"Het spijt me, mama," zei Jimmy. "Ik zal niet meer liegen."

After breakfast, Jimmy and his dad went to buy some daisy seedlings, and the whole family helped mom plant them.

Na het ontbijt gingen Jimmy en zijn vader nieuwe madeliefzaadjes kopen en de hele familie hielp mama om ze te planten.

Jimmy learned that telling the truth makes him and his family happy. That's why from that day on, he always tells the truth.

Jimmy had geleerd dat het vertellen van de waarheid hem en zijn familie blij maakte. Daarom vertelt hij sinds die dag altijd de waarheid.

www.ingramcontent.com/pod-product-compliance
Lightning Source LLC
Chambersburg PA
CBHW051304110526
44589CB00025B/2931